DAS *ist dein* TAG

....

DAS WIRD Gefeiert

GEBURTSTAGS WÜNSCHE

GEBURTSTAGS WÜNSCHE

GEBURTSTAGS
WÜNSCHE

GEBURTSTAGS
WÜNSCHE

GEBURTSTAGS
WÜNSCHE

GEBURTSTAGS
WÜNSCHE

GEBURTSTAGS
WÜNSCHE

GEBURTSTAGS WÜNSCHE

GEBURTSTAGS
WÜNSCHE

GEBURTSTAGS WÜNSCHE

GEBURTSTAGS
WÜNSCHE

GEBURTSTAGS WÜNSCHE

GEBURTSTAGS
WÜNSCHE

GEBURTSTAGS
WÜNSCHE

GEBURTSTAGS
WÜNSCHE

GEBURTSTAGS
WÜNSCHE

GEBURTSTAGS
WÜNSCHE

GEBURTSTAGS
WÜNSCHE

GEBURTSTAGS WÜNSCHE

GEBURTSTAGS
WÜNSCHE

GEBURTSTAGS WÜNSCHE

GEBURTSTAGS
WÜNSCHE

GEBURTSTAGS
WÜNSCHE

GEBURTSTAGS
WÜNSCHE

GEBURTSTAGS WÜNSCHE

GEBURTSTAGS
WÜNSCHE

GEBURTSTAGS
WÜNSCHE

GEBURTSTAGS
WÜNSCHE

GEBURTSTAGS WÜNSCHE

GEBURTSTAGS WÜNSCHE

GEBURTSTAGS
WÜNSCHE

GEBURTSTAGS
WÜNSCHE

GEBURTSTAGS WÜNSCHE

GEBURTSTAGS WÜNSCHE

GEBURTSTAGS
WÜNSCHE

GEBURTSTAGS
WÜNSCHE

GEBURTSTAGS WÜNSCHE

GEBURTSTAGS
WÜNSCHE

GEBURTSTAGS WÜNSCHE

GEBURTSTAGS WÜNSCHE

GEBURTSTAGS
WÜNSCHE

GEBURTSTAGS
WÜNSCHE

GEBURTSTAGS
WÜNSCHE

GEBURTSTAGS
WÜNSCHE

GEBURTSTAGS WÜNSCHE

GEBURTSTAGS WÜNSCHE

GEBURTSTAGS
WÜNSCHE

GEBURTSTAGS
WÜNSCHE

GEBURTSTAGS
WÜNSCHE

GEBURTSTAGS WÜNSCHE

GEBURTSTAGS WÜNSCHE

GEBURTSTAGS
WÜNSCHE

GEBURTSTAGS WÜNSCHE

GEBURTSTAGS
WÜNSCHE

GEBURTSTAGS WÜNSCHE

GEBURTSTAGS
WÜNSCHE

GEBURTSTAGS WÜNSCHE

GEBURTSTAGS
WÜNSCHE

GEBURTSTAGS
WÜNSCHE

GEBURTSTAGS
WÜNSCHE

GEBURTSTAGS WÜNSCHE

GEBURTSTAGS
WÜNSCHE

GEBURTSTAGS WÜNSCHE

GEBURTSTAGS WÜNSCHE

GEBURTSTAGS
WÜNSCHE

GEBURTSTAGS
WÜNSCHE

GEBURTSTAGS
WÜNSCHE

GEBURTSTAGS
WÜNSCHE

GEBURTSTAGS WÜNSCHE

GEBURTSTAGS WÜNSCHE

GEBURTSTAGS WÜNSCHE

GEBURTSTAGS
WÜNSCHE

GEBURTSTAGS WÜNSCHE

GEBURTSTAGS WÜNSCHE

GEBURTSTAGS
WÜNSCHE

GEBURTSTAGS WÜNSCHE

GEBURTSTAGS
WÜNSCHE

GEBURTSTAGS
WÜNSCHE

GEBURTSTAGS
WÜNSCHE

GEBURTSTAGS
WÜNSCHE

GEBURTSTAGS
WÜNSCHE

GEBURTSTAGS
WÜNSCHE

GEBURTSTAGS
WÜNSCHE

GEBURTSTAGS WÜNSCHE

GEBURTSTAGS
WÜNSCHE

GEBURTSTAGS WÜNSCHE

GEBURTSTAGS WÜNSCHE

GEBURTSTAGS
WÜNSCHE

GEBURTSTAGS WÜNSCHE

GEBURTSTAGS
WÜNSCHE

GEBURTSTAGS
WÜNSCHE

GEBURTSTAGS WÜNSCHE

GEBURTSTAGS
WÜNSCHE

GEBURTSTAGS
WÜNSCHE

GEBURTSTAGS
WÜNSCHE

GEBURTSTAGS WÜNSCHE

GEBURTSTAGS
WÜNSCHE

Printed in Poland
by Amazon Fulfillment
Poland Sp. z o.o., Wrocław
09 April 2024

edbff0fa-65e6-4e2c-b244-dd1d57c02a1dR01